James Krüss, geboren 1926 auf Helgoland, ist einer der großen Kinderbuchautoren. Für sein Werk erhielt er zahlreiche Auszeichnungen, u. a. ist er Träger des deutschen Jugendbuchpreises und der Hans-Christian-Andersen-Medaille. Der Autor verstarb 1997 auf Gran Canaria.

Günther Jakobs, Jahrgang 1978, studierte Illustration an der FH Münster. Er lebt und arbeitet seit seinem Abschluss erfolgreich als Illustrator für verschiedene Verlage im Bereich Kinderbuch, Sachbuch und Geschenkbuch. Er ist Münster treu geblieben und lebt dort mit seiner Familie.

Weitere Titel von James Krüss und Günther Jakobs:

Abc, Abc, Arche Noah sticht in See
Das Oster-Abc
Weihnachtslied vom Eselchen

Mehr über unsere Bücher, Autoren und Illustratoren auf www.gabriel-verlag.de

James Krüss und Günther Jakobs
Das Nikolaus-Abc
978 3 522 30413 9

Text: James Krüss
Text Copyright © by Carlsen Verlag GmbH, Hamburg 2011
Illustrationen: Günther Jakobs
Einbandtypografie: Günther Jakobs
Innentypografie: Eva Mokhlis
Reproduktion: HKS-artmedia GmbH
Druck und Bindung: PHOENIX PRINT GmbH

© 2015 Gabriel in der Thienemann-Esslinger Verlag GmbH, Stuttgart.
Printed in Germany. Alle Rechte vorbehalten.

James Krüss
Günther Jakobs

Das Nikolaus-ABC

Gabriel

Alle Jahre stehts aufs Neu

Bringt uns jemand allerlei.

Chorgesang der Kinder klingt

Dem, der uns Geschenke bringt.

Es ist jemand, der bei Nacht

Furchtlos Türen offen macht.

Ganz, ganz heimlich legt er in

Häusern seine Gaben hin,

In die Socken, in die Schuh,

Jedem teilt er etwas zu.

Keiner hört ihn, wenn er sehr

Leise naht, so still ist er.

Mögt ihr wissen, wer das ist?

Nikolaus, der Knecht vom Christ.

Ordentlich in jedem Haus

Packt er die Geschenke aus.

Quengelkindern bringt der Mann

Ruten aus dem finstern Tann.

Selten nur und unverhofft

Tut er das und gar nicht oft.

Und so wird der Mann zuletzt

Von den meisten hoch geschätzt.

Wünscht drum ruhig, dass er naht!

X – und merkt euch diesen Rat,

Ypsilon – er ist sehr nett.

Zett!